미술 취미가를 위한

꽃과 풍경 사진집

꽃과 풍경 사진집

발행일 2026년 1월 15일

지은이 김영순
펴낸이 손형국
펴낸곳 (주)북랩

출판등록 2004. 12. 1(제2012-000051호)

주소 서울특별시 금천구 가산디지털 1로 168, 우림라이온스밸리 B동 B111호, B113~115호
홈페이지 www.book.co.kr
전화번호 (02)2026-5777 팩스 (02)3159-9637

ISBN 979-11-7598-072-3 03670 (종이책) 979-11-7598-073-0 05670 (전자책)

본 도서는 (주)북랩이 보유한 리코 인쇄 장비 등 자체 생산 인프라를 통해 제작되었습니다.

미술 취미가를 위한

꽃과 풍경 사진집

글·사진 김영순

북랩

일러두기

1. 이 책에는 꽃밭, 산과 들의 꽃과 식물, 나무와 열매, 풍경 등 사계절 180여 컷의 실경을 담은 사진으로 수록하였다.

2. 미술 취미가를 위한 실기 자료로 만들었으며. 집 주변이나 산과, 들에서 미술 전공자의 시각으로 자연광 촬영하였다.

3. 수록 식물의 표제(식물의 이름)는 다수의 식물 도서가 정한 명칭과 널리 알려져 사용되고 있는 관용적인 이름으로 수록하였다.

4. 꽃과 식물의 배열은 가나다순(사전식 배열)을 원칙으로 하였다.

5. 식물의 정보는 꽃의 개화 시기, 꽃의 색상, 잎, 줄기, 열매의 특징을 간략하게 기술하였다.

6. 그림에 입문한 취미가에게 유익한 교재로 활용될 수 있도록 기초과정에서 전문과정까지 스케치하여 작업 할 수 있는 다양한 소재를 실었다.

7. 풍경 사진은 독자에게 해석의 자유를 주고, 스스로 감상하도록 설명을 생략하였다.

〈참고문헌〉

1. 김완규. 『꽃 색깔로 쉽게 찾는 아하! 꽃 도감』. 지식서관, 2010.

2. 김태정. 『쉽게 찾는 우리 꽃』. 현암사, 2003.

들어가며

사계절 꽃과 풍경을 담아내다

어린 시절 봄이 오면 풀피리를 만들어 입에 물던 추억이 아스라이 내 기억 속에 머물러 있다. 그 시절을 떠올리면 늘 그리움이 밀려온다.

그림을 전공하던 학창 시절, 사물을 더 깊이 이해하고 관찰하기 위해 먼 길 마다하지 않고 숲속, 들길을 다니며 스케치하던 많은 시간이 생각난다. 그때부터 꽃과 풍경을 사진으로 남기게 된 계기가 되었다.

자연의 꽃들은 볼 때마다 너무도 신비하고 아름다웠다. 스스로 온갖 자연환경을 견디며 꽃을 피워냈기에 더욱 빛나는 것인지도 모른다. 여러 빛깔의 꽃이 가장 아름답게 보이는 그 순간을 사진에 담으려 노력했다. 그리고 자연의 참모습이 본래의 자리에서 오래도록 보존되고 잘 자라날 수 있기를 바라며 한 컷 한 컷 기록으로 남겼다. 세월이 흘러도 두고두고 펼쳐 볼 수 있는 자연의 선물로 남기고 싶어서이다.

봄이면, 꽃샘추위 속에서도 화사한 꽃송이들이 노랑, 분홍빛으로 밝게 피어나 희망을 전하고, 여름이면, 폭염 속에서도 자신만의 색을 잃지 않는 꽃들의 향기에 발걸음이 가벼워진다. 가을엔, 모든 색이 옷을 벗는 풍경 속에 가지 끝에서 계절을 붙잡고 있는 열매들의 강한 생명력을 보고 느끼며, 겨울은, 조용히 침묵하며 휴식을 취하는 계절이지만. 오랜 시간을 함께해 온 정겨운 꽃들과 식물들을 나는 잊지 못할 것 같다.

이 책에 담긴 사계절의 꽃과 풍경들은 고단한 하루의 여정을 위로하는 작은 기쁨이 되었다. 사계절 땅에서, 나무에서 오늘도 자신만의 색깔로 이름을 알리고 매력을 발산한다. 그래서 볼 때마다 더 오래 시선을 응시하게 되고 깊은 인생을 배우게 된다. 이 책을 접하는 독자들도 책을 감상하면서 자연의 위대한 가치와 힘을 느끼게 되리라 확신한다.

끝으로 미술을 배우는 취미가에게 이 책이 좋은 작품을 만들 수 있는 유익한 수업 교재가 되기를 바라 본다.

2026년 1월

김영순

차례

Part 1. 꽃

- 자연 따라 피는 꽃

Part 2. 풀과 식물

- 자연의 풍요

Part 3. 나무와 열매

- 결실에 이르다

Part 4. 풍경

- 봄, 여름, 가을, 겨울

Part 1.

꽃

자연 따라 피는 꽃

감국

꽃은 9~10월에 노란색으로 피고 가지 끝에 여러 송이가 모여 달린다. 잎은 어긋나고 깃털 모양으로 갈라지며 가장자리에 날카로운 톱니가 있다.

개나리

꽃은 3~4월에 노란색으로 피고 잎겨드랑이에 1~3송이씩 달린다. 가지 끝이 밑으로 처지며 잔가지는 녹색에서 점차 회갈색으로 변한다. 잎은 마주나고 타원형이며 가장자리에 톱니가 있다.

개망초

꽃은 6~7월에 흰색으로 피고 가지와 줄기 끝에 여러 송이가 모여 달린다. 잎은 어긋나고 달걀 모양이며 가장자리에 드문드문 톱니가 있다. '계란꽃'이라고도 불린다.

개미취

꽃은 7~10월 사이에 보라색으로 피고, 줄기와 가지 끝에 모여 달린다. 잎은 타원형이며 가장자리에 톱니가 있고 잎자루에 날개가 있다. 산과 들에서 키 1.5~2m까지 자란다.

개양귀비

꽃은 5~6월에 보통 붉은색으로 피고 가지 끝에 1송이씩 위를 향해 달린다. 잎은 어긋나고 깃꼴로 갈라지며, 갈래 조각은 피침형이고 가장자리에 톱니가 있다.

검은눈천인국

일반적으로 6월부터 8월까지 노란색 꽃을 피우며, 중심부는 검은색을 띠고 있어 검은눈천인국이라고 불린다. 꽃말은 '영원한 행복'이다.

겹삼잎국화

꽃은 7~9월에 노란색으로 피고, 줄기와 가지 끝에 1송이씩 달린다. 잎은 어긋나고 깃털 모양으로 갈라지며, 갈라진 조각은 가장자리에 짧은 털이 있다.

과꽃

꽃은 7~9월에 남보라색, 흰색 등으로 피고 긴 꽃줄기 끝에 1송이씩 달린다. 줄기는 자주색을 띠고 가지를 많이 치며 풀 전체에 흰 털이 많다. 키는 30~100cm 자란다.

구절초

꽃은 9~10월에 분홍색, 또는 흰색으로 피고 줄기와 가지 끝에 1송이씩 달린다. 산과 들에서 자라며 원예 화초로 재배하는 국화를 닮았고 가지가 많이 갈라지지 않는다.

국화

꽃은 주로 가을에 피며, 여러 개의 작은 꽃들이 모여 한 송이처럼 보이는 두상화 형태이다. 꽃을 차로 마시거나, 베개 속에 넣어 두통을 완화하는 데 사용되기도 한다.

금계국

5월부터 7월까지 긴 꽃대 끝에 노란색 꽃이 한 개씩 피며, 꽃잎 끝에 4~5개의 톱니가 있는 것이 특징이다. 흔히 노란 코스모스로 불리기도 하며 번식력이 매우 강한 식물이다.

금관화

여름부터 가을에 걸쳐 잎은 버들잎처럼 길쭉하고 오렌지색과 빨간색으로 우산처럼 모여 핀다. 꽃은 지름 약 2cm 정도 되며 뒤따라 달리는 열매는 길이 약 6~8cm 정도이다.

금낭화

꽃은 5~6월에 담홍색으로 피고 줄기 끝에 여러 송이가 주렁주렁 달린다. 꽃받침 잎은 2개로 가늘고 작은 비늘 모양이며 일찍 떨어진다. 잎은 어긋나고 깃꼴겹잎이며 작은 잎은 끝이 뾰족한 달걀 모양이다.

금불초

꽃은 7~9월에 노란색으로 피고 가지와 줄기 끝에 여러 송이가 달린다. 잎은 어긋나고 긴 타원형이며 가장자리에 잔톱니가 있다. 열매는 수과이고 10월에 익는다.

금화규

꽃은 옅은 노란색이며 가운데 부분이 짙은 붉은색을 띤다. 7월부터 11월까지 개화하며, 서리가 내릴 때까지 계속 꽃을 피우고 진다.

깨꽃

꽃은 5~10월에 붉은색으로 피고, 줄기와 가지 끝에 층층이 모여 달린다. 잎은 마주나고 긴 달걀 모양이며 겉모습이 깨를 닮아 '깨꽃'이라는 이름이 붙었다. 흔히 샐비어 또는 사루비아라고 불린다.

꽃무릇

꽃무릇은 9~10월에 붉은색으로 피고 키 50cm 정도인 꽃줄기 끝에 여러 송이가 달린다. 잎은 뿌리에서 나오고 넓은 선형이며 꽃이 피기 전에 말라버린다. 산기슭 습한 풀밭에서 무리 지어 자란다.

꽃범의 꼬리

꽃은 7~9월에 보라색, 홍색, 흰색 등으로 피고 줄기 윗부분에 모여 이삭 모양을 이룬다. 잎은 마주나고 피침형이며 가장자리에 톱니가 있다.

나무수국

7~9월경에 꽃이 피며, 흰색으로 피었다가 시간이 지나면서 연분홍색으로 변하기도 한다. 일반 수국과 달리 나무처럼 크게 자라며 원뿔 모양의 꽃차례를 이루는 것이 특징이다.

나비바늘꽃

여름부터 가을에 걸쳐 꽃이 피며 땅속줄기에서 가지가 많이 나온다. 잎은 가늘고 가장자리에 낮은 톱니가 있다. 꽃이 나비와 비슷하게 생겨 '나비바늘꽃'이라고 불리며, 흰색 꽃은 백접초, 분홍색 꽃은 홍접초라고도 한다.

나팔꽃

꽃은 나팔 모양이며 7~8월에 붉은색, 자주색, 흰색 등으로 피고, 잎 겨드랑이에서 나온 꽃줄기에 1~3송이씩 달린다. 전체에 털이 빽빽이 나며 줄기가 다른 물체를 왼쪽으로 감아 올라간다.

뉴기니아봉선화

일반적인 봉선화와 달리 꿀주머니 형태의 부속체가 따로 달린 것이 특징이다. 분홍색, 빨간색, 주황색 등 다채로운 꽃 색깔을 가지고 있다.

능소화

꽃은 깔때기 모양이며 8~9월에 적황색으로 피고 가지 끝에 여러 송이가 모여 달린다. 잎은 마주나고 깃털 모양이며 작은 잎은 달걀 모양이고 가장자리에는 톱니와 털이 있다.

달리아

꽃은 7~8월에 노란색, 붉은색, 자주색 등으로 피고, 줄기와 가지 끝에 1송이씩 옆을 향해 달린다. 잎은 마주나고 깃털 모양이며 작은 잎은 달걀 모양이고 가장자리에 톱니가 있다.

달맞이꽃

꽃은 7월에 노란색으로 피며, 밤에 피었다가 아침에 시든다. 잎은 어긋나고 끝이 뾰족한 피침형이며 가장자리에 얇은 톱니가 있다. 산과 들의 빈터에서 키가 50~90cm 자라고 전체에 짧은 털이 난다.

덩굴장미 안젤라

꽃잎은 분홍색이며, 늦봄부터 가을까지 사계절 내내 계속해서 꽃을 피운다. 이 장미는 강한 내변성을 가지고 있으며, 정원이나 담장에 많이 심는다.

데이지

꽃은 6~7월에 흰색으로 피고 줄기 끝에 1송이씩 두상화로 달린다. 뿌리 잎은 길고 줄기 잎은 짧다. 정원에 심으며 키는 50~60cm 자란다.

도라지꽃

꽃은 끝이 벌어진 종 모양이며 7~8월에 보라색 또는 흰색으로 피고, 줄기와 가지 끝에 1송이씩 위를 향해 달린다. 잎은 어긋나고 긴 달걀 모양이며 가장자리에 톱니가 있다.

독말풀

꽃은 나팔 모양이며, 주로 7월에서 10월 사이에 흰색, 연한 자주색으로 핀다. 꽃이 하늘을 향해 피는 것이 특징으로 꽃이 아래를 향해 피는 '천사의 나팔꽃'과는 구별된다,

독일장미

첫 개화는 보통 6월에 시작되며, 서리가 내리기 전까지 꾸준히 꽃을 피운다. 사계절 장미로, 크림색의 흰 꽃잎과 연한 살구색의 중심부가 특징이다. 올드로즈 향기가 나며, 꽃의 크기는 7~8cm이다.

동백꽃

꽃은 12~4월에 붉은색으로 피고 가지 끝에 1송이씩 달린다. 잎은 어긋나고 타원형이며 가죽질이다. 잎 가장자리에 물결 모양의 잔톱니가 있고 표면에 윤기가 돈다.

라일락

꽃은 4~5월에 연한 보라색 또는 흰색으로 피고 가지 끝에 많이 모여 커다란 원뿔꼴을 이루며 달린다. 잎은 마주나고 달걀 모양이며 가장자리가 밋밋하다.

란타나

5월부터 10월까지 꽃이 피며, 흰색, 분홍색, 노란색, 주황색, 보라색 등 다양한 색깔로 핀다. 꽃의 색이 여러 번 변한다고 해서 '칠변화(七變化)'라고도 불린다.

마리골드

꽃은 6~9월에 노란색, 담황색, 적황색 등으로 피며, 가지 끝에서 나온 굵은 꽃줄기에 1송이씩 달린다. 잎은 마주나거나 어긋나고 깃털 모양이며, 작은 잎은 피침형이고 가장자리에 잔톱니가 있다.

매화

꽃은 잎이 나기 전인 2~4월에 흰색 또는 담홍색으로 피고 잎겨드랑이에 1~3개씩 달린다. 열매는 매실이라고 부르는데 둥글고 6~7월에 노란색으로 익으며 매우 신 맛이 난다.

맨드라미(1)

꽃의 색깔은 붉은색, 노란색, 흰색 등 다양하며, 가을에 밤 기온이 내려가면 색이 더욱 화려해지는 경향이 있다. 닭의 볏을 닮아 '닭벼슬꽃'이라고도 불린다.

맨드라미(2)

꽃은 7~9월에 노란색, 홍색, 흰색 등으로 피고 편평한 꽃줄기 끝에 작은 꽃이 빽빽하게 달린다. 높이 90cm 정도 자라고 줄기에는 붉은빛이 돈다.

목련

꽃은 3~4월에 잎이 나기 전에 흰색으로 피고 가지 끝에 1송이씩 달린다. 잎은 넓은 달걀 모양이고 끝이 급히 뾰족해진다. 씨는 타원형이고 붉은색이다. 꽃봉오리는 약재로 쓴다.

목백일홍

꽃은 7월에서 10월 사이에 붉은색으로 피고 꽃잎은 6장이며 가지 끝에 무리 지어 달린다. 나무껍질은 연한 홍자색이고 껍질이 떨어진 자리에 흰색 무늬가 생긴다. 잎은 마주나고 타원형이며 겉면에 윤이 난다.

무궁화

꽃은 7월~10월에 보통 흰색과 분홍색으로 피고 안쪽에 진한 자홍색 무늬가 있으며 잎겨드랑이에 1송이씩 달린다. 잎은 어긋나며 달걀 모양이고 가장자리에 거친 톱니가 있다. 우리나라 국화로서 높이 2~4m 자란다.

미케르마스 데이지

보통 7월에서 10월 사이에 꽃이 피며, 키는 30~90cm까지 자란다. 별을 연상시키는 아름다운 연보라색 꽃으로 인해 관상용으로 인기가 높다.

배꽃

꽃은 4월에 흰색으로 피고 꽃잎은 5장이며 여러 송이가 모여 달린다. 열매는 꽃받침이 발달해서 이루어진 이과이고 둥글며, 9~10월에 다갈색으로 익는다. 잎은 어긋나고 긴 타원형이며 가장자리에 톱니가 있다, 열매를 먹는다.

백일홍

꽃은 6~10월에 자주색, 주황색, 흰색 등 다양하게 피고, 긴 꽃줄기 끝에 1송이씩 달린다. 잎은 마주나고 끝이 뾰족한 달걀 모양이며, 가장자리는 밋밋하고 줄기 전체에 거친 털이 있다.

백합

꽃은 큰 나팔 모양이며 5~6월에 흰색으로 피고, 줄기 끝에 2~3 송이씩 옆을 향해 달린다. 잎은 어긋나거나 돌려나고 넓은 칼 모양이며 뒤로 젖혀진다.

버들마편초

가늘고 긴 줄기 끝에 작은 보라색 꽃들이 모여 피어나는 것이 특징이다. 한국에서는 따뜻한 남부 지역에서 재배되는 귀화식물이며 꽃말은 '당신의 소망이 이루어지길'이다.

벚꽃

꽃은 4월에 분홍색 또는 흰색으로 피며 2~5송이씩 달린다. 잎은 어긋나고 달걀 모양이며 가장자리에 비늘 같은 겹톱니가 있다. 열매는 핵과이고 둥글며, 6~7월에 적색에서 흑색으로 익으며 버찌라고 부른다.

복사꽃

꽃은 잎이 나기 전인 4~5월에 홍색 또는 흰색으로 피고, 꽃잎은 5장이며 잎겨드랑이에 1~2송이씩 달린다. 잎은 어긋나고 피침형이며 가장자리에 톱니가 있다. 열매는 핵과이고 7~8월에 익으며 잔털이 많이 붙는다.

봉선화

꽃은 7~8월에 피며, 2~3송이씩 잎겨드랑이에 달린다. 붉은색, 흰색, 자주색 등 다양한 색깔이 있다. 잎은 어긋나고 피침형이며, 양 끝이 좁고 가장자리에 톱니가 있다.

부겐빌레아

꽃은 진분홍색으로 반 겹꽃이고 가지 끝에 연중 계속해서(4~11월) 피며 포는 심장 상의 달걀 모양이다. 줄기에 곧은 가시가 있다. 잎은 어긋나고 긴 타원형 피침형이며 연녹색이다.

분꽃

꽃은 6월에서 10월까지 나팔 모양으로 피며 가지 끝에 달린다. 주로 늦은 오후에 피었다가 다음 날 아침에 시드는 특징이 있다. 꽃은 분홍색, 노란색, 흰색 등 다양한 색과 무늬를 가진다.

분홍낮달맞이꽃

일반적인 달맞이꽃과 달리 낮에 피고 해 질 무렵에 진다. 꽃달맞이꽃, 두메달맞이꽃, 하늘달맞이꽃이라고 도 불린다.

붉노랑상사화

8월 말에서 9월 초에 피는 꽃의 색이 연한 노란 색이지만 직사광선이 강한 곳에서는 붉은빛을 띠기 때문에 '붉노랑상사화'라고 불린다. 꽃과 잎이 서로 만나지 못해 그리워한다는 점에서 '상사화(相思花)'라는 이름이 붙었다.

붉은 덩굴장미

5월과 10월경에 주로 꽃을 피우며 11월까지 꽃을 피우는 사계절 장미 품종도 있다. 줄기가 길게 자라기 때문에 울타리나 벽을 장식하는 데 주로 사용된다.

사랑초

꽃이 피는 시기는 품종에 따라 다르다. 늦은 봄부터 가을까지 피는 경우가 많으며 하트 모양의 잎과 다양한 색깔의 꽃(분홍, 보라, 흰색)이 특징이다.
빛을 받으면 꽃과 잎을 활짝 펴고, 빛이 없어지면 오므리는 특성이 있다.

사피니아

꽃은 5월부터 가을까지 약 6개월 동안 꽃을 피우며, 여름철에 가장 풍성하게 꽃을 피운다. 아래로 처지며 자라는 포복성이 특징이다.

산국

꽃은 9~10월에 노란색으로 피고 가지 끝에 여러 송이가 모여 달린다.
잎은 어긋나고 깃털 모양으로 갈라지며 날카로운 톱니가 있다. 열매는 수과이고 10~11월에 익는다. 산지에서 키가 1m 정도 자란다.

산수유

꽃은 잎이 나기 전인 3~4월에 20~30송이가 무리 지어 노란색으로 핀다. 나무껍질이 불규칙하게 벗겨지고 연한 갈색이다. 열매는 핵과이고 타원형이며, 겉면이 윤이 나고 8~10월에 붉게 익는다.

살구꽃

꽃은 잎이 나기 전인 4월에 연한 붉은색으로 피고 묵은 가지에 달린다. 잎은 어긋나고 넓은 타원형이며 가장자리에 겹톱니가 있다. 열매는 핵과이고 둥글며, 7월에 노란색 또는 노란색을 띤 붉은색으로 익고 털이 많다.

석류꽃

꽃은 5~6월에 붉은색으로 피고 꽃잎은 6장이며 가지 끝에 1~5송이씩 달린다. 잎은 마주나고 긴 타원형이다. 열매는 둥글고 9~10월에 황적색으로 익는다.

수국

6~7월경에 가지 끝에서 둥근 모양의 꽃차례로 꽃잎이 아주 작다. 잎은 마주나고 달걀 모양이며, 두껍고 가장자리에 톱니가 있다. 꽃 색깔은 토양의 산도(PH)에 따라 달라진다. 토양이 산성일 때는 푸른색, 알칼리성일 때는 분홍색 꽃을 피운다.

수레국화

꽃의 모양이 수레바퀴를 닮았다고 하여 '수레국화'라는 이름이 붙었다. 주로 푸른색 꽃이 피지만 종자에 따라 흰색, 분홍색, 보라색 등 다양한 색이 있다.

쑥부쟁이

꽃은 7~10월에 자주색으로 피고 줄기와 가지 끝에 1송이씩 달린다. 잎은 어긋나고 피침형이며 가장자리에 굵은 톱니가 있다. 열매는 수과이고 달걀 모양이며, 잔털이 나고 10~11월에 익는다. 어린 잎을 나물로 먹는다.

아스타(1)

여름부터 가을까지 개화한다. 꽃의 모양이 별을 연상시킨다고 하여 붙여진 이름으로 다양한 색상의 꽃을 피우며 우선국으로도 불린다.

아스타(2)

꽃은 주로 8월부터 10월까지 피며, 파종 시기에 따라 개화 시기가 달라질 수 있다. 보통 3~4월에 파종하면 8~10월에 꽃을 볼 수 있다.

아카시아꽃

꽃은 나비 모양이며 5~6월에 흰색으로 피고, 어린 가지의 잎겨드랑이에서 모여 달린다. 잎은 어긋나고 깃털 모양의 겹잎이며, 작은 잎은 타원형이다.

아프리카 금잔화

꽃은 7월부터 계속 피기 시작하며 크고 화려하다. 잎은 주걱 모양으로 가장자리에 잔톱니가 있다. 비가 오거나 흐린 날에는 꽃이 오므라드는 특징이 있다.

안젤로니아

여름부터 가을까지 계속해서 꽃을 피우며, 보라색, 흰색, 분홍색, 등 다양한 색상이 있다. '원숭이의 얼굴', '안개로니아', '신선초'라고도 불리며 꽃말은 '천사의 얼굴'이다.

에키네시아

꽃은 6월에서 10월 사이에 피며, 분홍색, 진분홍색, 흰색 등 다양한 색이 있다. 꽃잎은 아래로 처지는 경향이 있으며, 중앙의 관상화는 금속성 광택이 나는 자갈색을 띤다.

엔젤아이스 오렌지

봄부터 여름까지 주황색의 꽃이 피며 5월 중순이 가장 꽃을 많이 피우는 시기이다. 겨울 동안 섭씨 7도 정도의 낮은 온도에 20일 정도 노출되는 저온 처리가 필요하다.

영산홍

꽃은 4~5월에 진한 붉은색 등의 화려한 꽃이 핀다. 꽃이 잎과 함께 피는 것이 특징이다. 겨울에도 잎이 일부 푸른색을 띠며 남아 있으며 넓은 피침형에 잎가에는 털이 있다. 키는 30~90cm 자란다.

왕고들빼기

꽃은 7~9월에 연한 노란색으로 피고 줄기와 가지 끝에 여러 송이가 모여 달린다. 잎은 어긋나고 피침형이며 불규칙하고 깊게 갈라진다. 산과 들이나 밭 근처에서 키 80~150cm 자란다. 어린 순을 식용한다.

우창꽃

꽃은 6~10월까지 보라색으로 핀다. 따뜻한 기후에서는 거의 연중 내내 꽃을 피운다. 강인한 생명력을 지닌 꽃이다.

원추리

꽃은 7~9월에 주황색으로 피고 잎 사이에서 나온 꽃줄기에 6~8송이씩 달린다. 잎은 뿌리에서 나와 2줄로 배열되며 뒤로 휘어진다. 어린잎을 식용하고 뿌리를 약재로 쓴다.

작약

꽃은 5~6월에 붉은색, 흰색 등으로 피고 줄기 끝에 1송이씩 달린다. 잎은 어긋나고 깃털 모양의 겹잎이다. 산지에서 40~60cm 정도 자란다.

접시꽃

꽃은 6월에 피고 잎겨드랑이에 달린다. 꽃잎은 5개가 나선상으로 붙는다. 꽃 빛깔은 붉은색, 연홍색, 흰색 등 다양하고 겹꽃도 있다. 잎은 어긋나고 손바닥 모양이며, 가장자리가 5~7개로 갈라지고 톱니가 있다.

조팝나무

꽃은 4~5월에 흰색으로 피고, 잎겨드랑이에 4~5송이씩 무리 지어 가지 윗부분을 덮는다. 잎은 어긋나고 타원형이며 가장자리에 잔톱니가 있다.

좁은잎해바라기

꽃은 8월에서 10월 사이에 피며, 밝은 노란색 꽃잎을 가지고 있다. 지름은 약 5~8cm, 잎은 길고 좁은 피침형으로, 길이는 8~15cm 정도이며 애기해바라기, '버들잎해바라기'라고도 불린다.

죽단화

꽃은 5월에 노란색으로 피고 옆가지 끝에 달리며 겹꽃이다. 습기가 있는 곳에서 높이 2m 정도 자라며 줄기는 녹색이다. 열매는 맺지 않는다.

진달래

꽃은 깔때기 모양이며 잎이 나기 전인 4월에 연분홍색으로 피고, 가지 끝부분에서 1송이씩 나오지만 2~5송이가 모여 달리기도 한다. 잎은 어긋나고 양 끝이 뾰족한 피침형이다.

참나리

7~8월에 꽃잎 안쪽에 흑자색 반점이 있는 황적색으로 피고, 줄기 끝에 2~10송이가 달린다. 잎은 어긋나고 피침형이며 잎겨드랑이에 둥근 주아가 붙는다.

채송화

꽃은 7월부터 10월까지 핀다. 꽃잎은 5장이고 줄기는 붉은색이며 키는 20cm 정도 자란다. 맑은 날 낮에 피었다가 오후에 시드는 특징이 있다. 꽃의 색깔은 노란색, 주황색, 빨간색, 분홍색, 흰색 등 다양하다.

천일홍

꽃은 흰색, 분홍색, 진홍색 등으로 피고 6월부터 서리가 올 때까지 가지나 줄기 끝에 1~2송이씩 달린다. 꽃잎과 꽃받침은 각 5개씩이다. 꽃이 잘 떨어지지 않아 건화로 이용된다.

카네이션

꽃은 7~8월에 여러 가지 색으로 피고 잎겨드랑이와 줄기 끝에 2~3송이씩 달린다. 잎은 마주나고 선형이며, 밑부분이 줄기를 감싸고 끝이 뾰족하다.

코스모스

꽃은 6~10월에 붉은색, 연분홍색, 흰색 등으로 피고 가지와 줄기 끝에 1송이씩 달린다. 잎은 마주나고 깃털 모양으로 갈라지며, 갈라진 조각은 선형이고 독특한 냄새가 난다.

큰꿩의 비름

꽃은 8~10월에 연분홍색으로 피고 원줄기 끝에 작은 꽃들이 빽빽하게 모여 산방꽃차례를 이룬다. 꽃잎은 5장이고 넓은 피침형이며. 잎은 다육질이며 주걱모 양이다.

패랭이

꽃은 6월에서 8월 사이에 진분홍색으로 피고 가지 끝에 1송이씩 달린다. 카네이션보다 꽃송이가 작고 홑겹으로 피는 것이 특징이다. 들에서 키 30cm 정도 자란다.

펜타스 란세올라타

꽃잎이 5개 또는 6개로 갈라져 별 모양을 이루며, 꽃다발처럼 풍성하게 모여 피어난다. 빨간색, 분홍색, 흰색 등 다양한 색깔의 꽃이 있으며, 따뜻한 환경에서는 일 년 내내 꽃을 볼 수 있다.

하와이 무궁화

꽃은 넓은 깔때기 모양으로 7~8월에 피고 햇가지 윗부분의 잎겨드랑이에 1송이씩 달린다. 잎은 난상 피침형으로 가장자리에 거친 톱니가 있다. 꽃색은 적색을 비롯하여 여러 가지가 있다.

해바라기

꽃은 8~9월에 노란색으로 피고 원줄기가 가지 끝에 1송이씩 달린다. 잎은 어긋나고 잎자루가 길며, 달걀 모양이고 가장자리에 톱니가 있다. 열매는 10월에 익으며, 씨는 달걀 모양이고 회색 바탕에 검은 줄이 있다.

황하코스모스

꽃은 7월부터 10월까지 피며 노란색 또는 주황색을 띠고 일반 코스모스와는 달리 잎이 넓은 선형 또는 피침형이며, 꽃잎 끝이 3~5개로 뾰족하게 갈라지는 특징이 있다.

Part 2.

풀과 식물

자연의 풍요

강아지풀

7~9월에 연한 푸른색이나 자주색으로 피어난다. 꽃이삭의 모양이 강아지의 꼬리를 닮아 강아지풀이라는 이름이 붙었으며, 한자로는 구미초(狗尾草)라고도 한다. 길가나 들에서 흔히 볼 수 있다.

개여뀌

꽃은 6~9월에 홍자색 또는 흰색으로 피고 줄기와 가지 끝에 이삭 모양으로 달린다. 각 곳의 낮은 지대나 길가의 습기가 있는 곳에서 높이 20~50cm 정도 자라며 줄기는 적자색이다.

고구마

꽃은 나팔 모양이며 7~8월에 연한 홍자색으로 피고, 잎겨드랑이에서 나온 꽃줄기에 5~6송이씩 달린다. 우리나라에서는 꽃이 잘 피지 않는다. 잎은 어긋나고 염통 모양이며 잎자루가 길다. 덩이뿌리와 잎자루를 먹는다.

괭이밥

꽃은 5~9월에 노란색으로 피고, 잎 겨드랑이에서 나온 긴 꽃줄기 끝에 1송이씩 달린다. 열매는 삭과이고 원기둥 모양이며 9월에 익는다. 어린잎은 식용한다. 클로버와 비슷하게 생겼다.

까마중

꽃은 5~9월에 흰색으로 피고 줄기에서 나온 긴 꽃줄기에 3~8송이가 모여 달린다. 열매는 검게 익는다. 달고 약간 독성이 있지만 밭이나 길가에서 흔히 자라기 때문에 간식이 귀하던 시절에는 검게 익은 열매를 먹기도 했다.

깨풀

꽃은 암수한그루로 수상꽃차례이며 7~8월에 갈색 모양으로 잎겨드랑이에 핀다. 전체에 짧은 털이 나고 줄기는 곧게 서며 가지가 많이 갈라진다.

담쟁이덩굴

포도과에 속하는 낙엽 덩굴식물로, 돌담이나 바위, 나무줄기 등을 타고 올라가며 자란다. 줄기에 있는 덩굴손 끝의 흡착판을 이용해 벽에 달라붙어 10m 이상 자랄 수 있다.

당근

꽃은 7~8월에 흰색으로 피고 줄기 끝과 잎겨드랑이에서 나온 꽃줄기 끝에 많이 모여 달린다. 잎은 깃꼴겹잎이며 잎자루가 길다. 뿌리는 굵고 곧으며 주황색이다.
뿌리를 식용한다.

댑싸리

댑싸리는 여름에는 푸른색을 띠다가 가을이 되면 붉게 물드는 특징이 있다.
곧게 자라며 빗자루 모양의 둥근 수형을 가진다. 예전에는 줄기를 엮어 빗자루를 만들었다.

돌콩

7월부터 9월까지 홍자색 또는 보라색 꽃이 피며, 익으면, 꼬투리가 생긴다. 줄기에 연한 털이 있으며, 잎은 3개의 작은 잎이 모여 하나의 잎을 이룬다.

돌피

꽃은 7~9월에 붉은 갈색으로 핀다. 키는 80~100cm 정도이며, 들판, 농지, 도로변의 습한 장소에서 자란다. 대게 모여 나고 밑부분에서 가지가 갈라진다. 벼와 형태가 매우 비슷하여 구별하기 어렵다.

돼지감자

줄기는 1.5~3m까지 자라며, 잎과 줄기에 털이 많아 만지면 거친 느낌이 든다. 울퉁불퉁하게 생긴 덩이줄기를 식용으로 사용하며, 이 덩이줄기 모양 때문에 '뚱딴지'라는 이름이 붙었다.

둥근잎유홍초

꽃은 8~9월경에 황적색으로 피고 긴 깔때기 모양이며, 잎겨드랑이에서 나온 긴 꽃줄기 끝에 3~5송이씩 달린다. 잎은 어긋나고 끝이 뾰족한 염통 모양이다.

들깨

잎은 우리가 흔히 먹는 깻잎이며, 씨앗을 짜서 들기름을 만든다. 들깨꽃은 보통 9월 초에서 중순 사이에 피며, 꽃이 핀 후, 한 달 정도 지나면 수확 시기가 된다.

맥문동

7월에서 8월 사이에 연한 보라색 또는 분홍색의 꽃이 핀다. 굵은 뿌리줄기에서 잎이 모여 나와서 포기를 형성한다. 주로 산지의 그늘진 숲속이나 습한 곳에서 자란다.

미모사

꽃은 7~9월에 연분홍색 또는 진분홍색의 둥근 모양으로 핀다. 잎을 만지거나 진동, 갑작스러운 어둠 등의 외부 자극을 받으면 잎이 오므라들고 아래로 처지는 '경축 반응'을 보이며 '신경초'라고도 불린다.

바랭이

잎이 잔디보다 약간 넓고, 벽과 식물처럼 자라는 특징이 있다. 줄기는 옆으로 기면서 자라며 마디에서 뿌리와 줄기가 나온다. 주로 밭이나 길가에서 흔히 볼 수 있는 잡초 중 하나다.

방동사니

8~9월에 황갈색 꽃이삭이 줄기 끝에서 2차에 걸쳐 분지하여 사방으로 퍼져 달린다. 대부분 꽃이삭보다 길게 펼쳐진다. 수정이 이루어져 이삭이 익으면 어두운 자색으로 바뀐다.

베이비세이지

꽃의 색깔은 붉은색과 흰색이 섞여 있으며 여러해살이 허브 식물로, '핫립세이지'라고도 불린다. 잎에서 체리 향이 나기 때문에 '체리세이지'라고 부르기도 한다.

보리

밀과 비슷하게 생겼지만, 보리는 밀보다 수염(까끄라기)이 길어 육안으로 구별할 수 있다. 보리에는 겉보리, 쌀보리, 늘보리 등 다양한 품종이 있다.

수세미오이

꽃은 암수한그루이고 8~9월에 노란색으로 피며 잎겨드랑이에 달린다. 열매는 박과이고 큰 원통형이며 밑으로 늘어지고 10월에 익는다. 다 자란 열매는 말려서 설거지용 수세미로 사용된다.

스피아민트

톱니 모양의 잎과 길쭉한 연녹색 잎사귀를 가지고 있다. 7~9월에 개꽃이 피며 달콤하면서도 톡 쏘는 향미를 가지고 있다. 꽃이 마치 스피아(어)(spear: 창)을 닮았다 하여 붙여진 이름이다.

싸리

꽃은 7~8월경에 홍자색 또는 붉은 자주색으로 피며, 잎겨드랑이나 가지 끝에 모여 달린다. 주로 산과 들의 햇볕이 잘 드는 곳에서 자라며, 높이는 3m까지 자란다.

아마란스

'시들지 않는'이라는 뜻의 그리스어 '아마란토스'에서 유래했으며, 영원히 시들지 않는 꽃이라는 의미를 갖는다. 잎은 채소로, 씨앗은 유사 곡물로 사용되며, 퀴노아와 함께 슈퍼푸드로 알려져 있다.

억새

9월에 피는 꽃은 줄기 끝에서 작은 이삭이 빽빽이 달리며, 처음에는 연한 자줏빛을 띠다가 차츰 흰색으로 변하고, 다시 황금 갈색으로 변한다. 높이는 1~2m이다.

왕호장근

잎은 어긋나고 넓은 삼각형 모양의 난형이며, 길이는 15~30cm에 달한다. 줄기는 비어 있고 녹색이지만, 햇빛을 받으면 붉은색을 띠기도 한다.

유포르비아글리츠

다이아몬드 모양의 작은 흰 꽃이 오래 피는 대극과 식물로 햇빛을 좋아하지만 밝은 그늘에서도 잘 자란다. 작고 하얀 꽃이 계속 피어나는 것이 특징이다.

유홍초

꽃은 7~10월에 홍색이나 흰색으로 피고 잎겨드랑이에서 나온 꽃줄기에 1송이씩 달린다. 오랜 기간 피며, 별 모양의 붉은 꽃이 특징이다. 주로 정원이나 울타리 장식용으로 심는다.

자소엽

깻잎과 비슷한 식물로 잎이 보라색을 띠는 것이 특징이다. 예로부터 한약재로 사용되었다. 독특한 향이 있어 음식에 활용되기도 하며, 우려 마시기도 한다.

조릿대

꽃은 5년마다 4월에 피고 2~5개의 작은 이삭으로 된 원추화서이며 털과 흰 가루로 덮여 있다. 꽃이 핀 다음 지상부는 죽는다. 잎은 가지 끝에서 2~3매씩 나고 가장자리에 가시 같은 톱니가 있다. 잎은 약재로 쓰고 열매는 식용한다.

줄콩

꽃은 7~8월에 흰색 또는 연한 분홍색으로 피며, 잎은 3개의 작은 잎으로 된 겹잎 형태이다. 주로 여름철에 잘 자라며, 6월부터 9월까지 활발하게 성장한다. 볶음요리로 꼬투리째 먹는 채소다.

질경이

꽃은 6~8월에 흰색으로 피고 잎 사이에서 나온 꽃줄기 윗부분에 이삭처럼 빽빽이 달린다. 잎은 뿌리에서 뭉쳐나고 달걀 모양이다. 열매는 삭과이고 10월에 익으면 갈라져 뚜껑처럼 열리며 씨가 여러 개 있다. 어린 잎을 먹는다.

참억새

꽃은 9월에서 11월 사이에 피며, 벼과 억새속에 속하는 여러해살이풀로, 줄기 높이는 1~2m까지 자란다. 한국 전역에서 볼 수 있으며 정원이나 조경용으로 많이 활용된다.

콜레우스

잎의 색깔과 무늬가 계절과 햇빛의 양에 따라 변한다. 화려하고 다양한 색상과 잎의 모양이 깻잎과 비슷하고 향기가 나는 것이 특징이다. 일반적으로 화단 식물로 많이 심는다.

쿠페아히소피폴리아

작고 뾰족한 짙은 녹색 잎과 지름 약 1cm 크기의 빽빽한 자줏빛 분홍색 꽃이 매력적이다. '보라별꽃' 또는 '애플민트꽃'이라고도 불린다.

클로버

꽃은 6~7월에 흰색으로 피고 긴 꽃줄기 끝에 모여 둥글게 달린다. 잎은 도란형의 작은 잎 3장으로 이루어진 겹잎이 대부분이지만, 드물게 4장으로 된 잎이 발견되기도 한다. 주로 길가나 빈터, 잔디밭 등 햇볕이 잘 드는 곳에서 흔하게 자란다.

토란

꽃은 7~9월에 노란색으로 핀다. 잎은 뿌리에서 나오고 둥근 타원형이며, 길이가 80cm 안팎이다. 땅속에 둥근 덩이뿌리로 번식하는 열대 아시아 원산 식물이다.

포인세티아

꽃은 7~9월에 황록색으로 피고 가지 끝에 10송이가 모여 달린다. 열매는 10월에 익는다. 크리스마스를 상징하는 식물로 잘 알려져 있다.

핑크뮬리

가을에 분홍색 또는 자줏빛을 띠는 꽃이삭이 피어 구름처럼 몽환적인 경관을 연출한다. '분홍 쥐꼬리 새' 또는 '분홍 억새'라고도 불린다.

환삼덩굴

7~9월 연한 노란빛이 도는 푸른색으로 피고 높이는 2m 안팎이다. 줄기에 아래를 향한 거친 가시가 있고, 잎은 5~7갈래로 깊게 갈라져 손바닥 모양을 하고 있다. 생명력이 강하고 번식력이 뛰어나 도로 주변, 빈터 등에서 흔히 볼 수 있다.

Part 3.

나무와 열매

결실에 이르다

감나무

꽃은 5~6월에 황백색으로 피고, 잎겨드랑이에 1송이씩 달린다. 열매는 장과이고 달걀 모양이며 10월에 주황색으로 익는다. 열매를 먹고 약재로도 쓴다.

감나무 열매

감은 크게 단단한 상태로 먹는 단감과 완전히 익어 부드러워진 홍시, 그리고 말려서 먹는 곶감 등으로 구분된다. 감은 떫은맛을 내는 디오스프린(탄닌) 성분이 있어, 덜 익은 감은 떫은맛을 빼는 '탈삽' 과정을 거쳐 먹기도 한다.

꽃사과나무

4~5월에 꽃이 피고, 여름부터 작은 방울 모양으로 붉은 열매가 열린다. 기후나 토양에 관계 없이 잘 자라는 강한 나무로 흔히 '애기 사과'라고도 불린다.

낙상홍

꽃은 암수딴그루로 5~6월에 연분홍색으로 피고 새 가지에 취산화서로 달린다. 잎은 어긋나고 타원형이며, 양면에 짧은 털이 나고 가장자리에 톱니가 있다. 열매는 장과이고 작은 구슬 모양이며 10월에 붉은색으로 익는다.

남천

꽃은 6~7월에 흰색으로 피고 가지 끝에 원추화서로 달리며 꽃밥은 노란색이다. 잎은 가죽질이고 작은 잎이 깃 모양으로 배열되며, 작은 잎은 타원상 피침형이고 가장자리는 밋밋하다. 열매는 장과이고 10월에 붉게 익으며 둥근 모양이다.

노박덩굴

꽃은 암수딴그루이며 5~6월에 연두색으로 피고, 잎겨드랑이에 여러 송이가 모여 달린다. 열매는 둥근 삭과이고 10월에 노란색으로 익으며 3개로 갈라진다. 갈잎 덩굴나무이며 산과 들의 숲속에서 길이 10m 정도 자란다.

단풍나무

가을철 단풍은 기온 변화에 따라 잎의 색이 변하는 현상이다. 단풍이 시작되는 시기는 보통 9월 하순에서 10월 초순이며, 절정은 첫 단풍 이후 약 2주 뒤이다.

대추나무

꽃은 6월에 연한 황록색으로 피고 잎겨드랑이에 모여 달린다. 열매는 핵과이고 타원형이며 9월에 적갈색으로 익는다. 열매는 식용하고 약재로도 쓴다.

모과나무

꽃은 5월에 연한 홍색으로 피고 가지 끝에 1송이씩 달린다. 잎은 어긋나고 달걀 모양이며 가장자리에 뾰족한 잔톱니가 있다. 열매는 이과이고 타원형이며, 9월에 노란색으로 익으며 목질이 발달해 있다. 열매를 약재로 쓴다.

밤나무

꽃은 5~6월에 암수한그루로 길게 늘어진 꼬리 모양의 꽃차례로 피며 색은 연한 노란색이다. 밤은 가시가 돋친 밤송이 안에 들어 있으며, 밤송이가 벌어지면서 열매가 나온다.

백당나무

5~6월에 흰색 꽃이 피며, 진짜 꽃 주변에 가짜 꽃이 둘러싸여 접시 모양을 이룬다. 꽃이 지고 나면 붉은색 열매가 열리는데, 이 열매는 관상용으로 아름답다. 잎과 열매와 가지를 약재로 쓴다.

버드나무

꽃은 암수딴그루이고 흑자색이며 4월에 잎이 나기 전에 핀다. 잎은 어긋나고 긴 타원형이며, 끝이 뾰족하고 가장자리에 안으로 굽은 톱니가 있다. 들이나 냇가에서 높이 20m 정도 자란다. 가로수와 풍치목으로 심는다.

뽕나무

꽃은 암수딴그루이고 6월에 피며, 열매는 둥글고 6월에 검은색으로 익는다. 잎은 달걀 모양이고 3~5갈래로 갈라지며, 가장자리에 둔한 톱니가 있고 끝이 뾰족하다. 열매를 오디라고 한다. 열매를 식용하고 잎을 누에의 사료로 쓴다.

산딸나무

5~6월경에 흰색의 꽃이 피고, 9~10월경에 붉은색의 열매가 익는다. 열매의 모양이 도깨비방망이와 비슷하다고 하여 '도깨비방망이'라는 별명으로 불리기도 한다.

상수리나무

꽃은 암수한그루이고 5월에 잎겨드랑이에 달리는데, 수꽃이삭은 밑으로 처지고 암꽃이삭은 곧추선다. 잎은 어긋나고 넓은 피침형이며 뒷면은 윤기가 있다. 열매는 견과이고 둥글며 10월에 익는다. 열매는 먹을 수 있으며 약재로도 쓴다.

아주까리나무

꽃은 암수한그루이고 8~9월에 연노란색이나 붉은색으로 원줄기 끝에서 피며, 암꽃은 윗부분에 달리고 수꽃은 밑부분에 달린다. 잎은 어긋나고 큰 방패 모양이며 5~11개로 갈라진다. 열매는 삭과이고 겉에 가시가 있다.

이나무 열매

잎은 하트 모양으로 끝이 뾰족하고, 가장자리에 둔한 톱니가 드문드문 있다. 가을에 노란색으로 단풍이 들고, 포도송이처럼 늘어진 붉은 열매가 특징이다.

찔레나무

꽃은 5월에 연한 붉은색 또는 흰색으로 피고, 가지 끝에 여러 송이가 모여 달린다. 잎은 어긋나고 깃꼴겹잎이며 작은 잎은 달걀 모양이고 가장자리에 톱니가 있다. 열매는 수과이고 둥글며 9월에 붉은색으로 익는다.

칡

꽃은 8월에 붉은빛을 띤 자주색으로 피고 잎겨드랑이에 모여 달린다. 잎은 어긋나고 3장으로 된 겹잎이며, 작은 잎은 넓은 달걀 모양이고 가장자리가 얕게 갈라지며 잎자루가 길다. 열매는 협과이고 넓은 선형이며, 굵은 털이 있고 9~10월에 익는다.

피라칸다

5~6월에 하얀 꽃을 피우고, 10월경에 빨간 열매가 익는다. 겨울에도 열매가 달려 있어 관상 가치가 높으며, 조경수나 울타리용으로 많이 사용된다.

Part 4.

풍경

봄, 여름, 가을, 겨울

가을 산책

가을이 물들어가다

결실

고창 청보리밭

그리움

꽃밭

나들이

남해 유채꽃마을

늘 꽃길만 걸었으면

만추

바라만 보아도 힐링

보리수 그늘 아래서

봄날

사색

사시나무

숲속 정원

시골의 전경

억새풀이 있는 길

여름 산

유채꽃 피는 봄

자연에서 배우다

자연에서의 행복

자연의 선물

청보리밭의 봄

초록의 계절

풍년

해바라기로 물들인 가을

행복

회상

휴식